I0402649

www.ingramcontent.com/pod-product-compliance
Lightning Source LLC
Chambersburg PA
CBHW060856220526
45466CB00003B/1400
* 9 7 8 1 6 9 3 8 4 4 9 2 8 *